中华优秀传统文化传承发展工程支持项目

全国中小学 中医药文化知识读本

小学版（上册）

主　　编　王　琦　孙光荣

执行主编　方剑乔　何清湖

中国中医药出版社
·北　京·

图书在版编目（CIP）数据

全国中小学中医药文化知识读本：小学版.上 / 王琦，孙光荣
主编.—北京：中国中医药出版社，2020.7（2024.4 重印）
中华优秀传统文化传承发展工程支持项目
ISBN 978-7-5132-6050-3

Ⅰ.①全…　Ⅱ.①王…②孙…　Ⅲ.①中国医药学—文化—
小学—课外读物　Ⅳ.① G624.93

中国版本图书馆 CIP 数据核字（2019）第 288814 号

中国中医药出版社出版
北京经济技术开发区科创十三街 31 号院二区 8 号楼
邮政编码　100176
传真　010-64405721
山东临沂新华印刷物流集团有限责任公司印刷
各地新华书店经销

开本 787×1092　1/16　印张 6　字数 80 千字
2020 年 7 月第 1 版　2024 年 4 月第 3 次印刷
书号　ISBN 978-7-5132-6050-3

定价　18.80 元
网址　www.cptcm.com

服 务 热 线　010-64405510
购 书 热 线　010-89535836
维 权 打 假　010-64405753

微信服务号　zgzyycbs
微商城网址　https://kdt.im/LIdUGr
官 方 微 博　http://e.weibo.com/cptcm
天猫旗舰店网址　https://zgzyycbs.tmall.com

如有印装质量问题请与本社出版部联系（010-64405510）
版权专有　侵权必究

《全国中小学中医药文化知识读本》（小学版）

编委会

主　编

王　琦（中国工程院院士，国医大师，北京中医药大学一级教授）

孙光荣（国医大师，北京中医药大学教授）

执行主编

方剑乔（浙江中医药大学二级教授）

何清湖（湖南中医药大学副校长，二级教授）

副主编

来平凡（浙江中医药大学）

编　　委（按姓氏笔画排序）

刘　珊（浙江中医药大学）	黄红梅（来康集团）
刘更生（山东中医药大学）	喻松仁（江西中医药大学）
杨　频（甘肃卫生职业学院）	储全根（安徽中医药大学）
顾一煌（南京中医药大学）	阚湘苓（天津中医药大学）

林　彬（广州中医药大学副校长）

林　敏（大连医科大学中西医结合学院
　　　　党总支副书记、副院长）

罗建勇（成都中医药大学附属成都市温江区
　　　　实验学校校长）

季　玲（成都中医药大学附属成都市温江
　　　　第二中学校长）

季德功（哈尔滨市第163中学校长）

周　芳（宁波新芝生物科技股份有限公司
　　　　董事长，宁波易中禾仙草园创始人）

屈惠华（呼和浩特市实验中学校长）

赵　红（黑龙江省佳木斯市立新教育集团
　　　　总校长、第二十小学校长）

赵为国（安徽佑家健康管理学院负责人）

段晓华（中华中医药学会中医药文化分会副
　　　　主任委员兼秘书长）

郗会锁（河北衡水中学校长）

姚训琪（华南师范大学附属中学校长）

贺松兰（湖南省湘潭县第五中学校长）

贺松其（南方医科大学中医药学院副院长）

秦裕辉（湖南中医药大学党委书记）

徐建光（上海中医药大学校长）

徐桂华（南京中医药大学副校长）

殷小毛（广州大学附属实验中学校长）

高　星（首都医科大学公共卫生学院教授，
　　　　中国管理科学研究院健康中国
　　　　研究中心主任）

高树中（山东中医药大学校长）

高维娟（河北中医学院院长）

郭伟禾（中国生命关怀协会健康促进工作
　　　　委员会主任委员）

唐　农（广西中医药大学校长）

黄玉红（呼和浩特市新城区满族小学校长）

黄瑞萍（广州市天河区华景小学）

曹文富（重庆医科大学中医药学院院长）

戚韵东（南京市琅琊路小学校长）

常　菁（北京市第四中学常务副校长、初中部校长）

梁沛华（广州中医药大学副校长）

彭玉光（广州市越秀区东川路小学校长）

彭代银（安徽中医药大学校长）

程　龙（国家卫生健康委卫生发展研究中
　　　　心卫生信息研究室主任）

程　岚（中国人民大学附属中学通州校区副校长）

谢毅强（海南医学院中医学院院长）

熊　劲（北京宏志中学校长）

熊　磊（云南中医药大学校长）

樊成岩（青海师范大学附属中学校长）

潘华峰（广州中医药大学副校长）

前 言

党的十八大以来，以习近平同志为核心的党中央高度重视弘扬中华优秀传统文化。2017年1月25日，中共中央办公厅、国务院办公厅印发了《关于实施中华优秀传统文化传承发展工程的意见》（以下简称《意见》）。《意见》指出，"实施中华优秀传统文化传承发展工程，是建设社会主义文化强国的重大战略任务，对于传承中华文脉、全面提升人民群众文化素养、维护国家文化安全、增强国家文化软实力、推进国家治理体系和治理能力现代化，具有重要意义"，要求将中华优秀传统文化"贯穿国民教育始终""以幼儿、小学、中学教材为重点，构建中华文化课程和教材体系"。党的十九大报告明确指出，"坚定文化自信，推动社会主义文化繁荣兴盛""文化是一个国家、一个民族的灵魂。文化兴国运兴；文化强民族强。没有高度的文化自信，没有文化的繁荣兴盛，就没有中华民族伟大复兴"。

中医药是祖先留给我们的宝贵财富，是中华民族的伟大创造，在中华优秀传统文化中占有不可替代的重要地位。毛泽东主席在1958年就指出："中国医药学是一个伟大的宝库，应当努力发掘，加以提高。"习近平总书记更明确指出："中医药学凝聚着深邃的哲学智慧和中华民族几千年的健康养生理念及其实践经验，是中国古代科学的瑰宝，也是打开中华文明宝库的钥匙。"2016年2月，国务院印发的《中医药发展战略规划纲要（2016—2030年）》提出，"将中医药基础知识纳入中小学传统文化、生理卫生课程"。2019年10月26日，中共中央、国务院发布的第一个关于中医药的文件《关于促进中医药传承创新发展的意见》明确要求，"实施中医药文化传播行动，把中医药文化贯穿国民教育始终，中小学进一步丰富中医药文化教育，使中医药成为群众促进健康的文化自觉"。

以上几个纲领性文件旨在强调，要将中华优秀传统文化的典型代表——中医药文化融入中小学基础教育，中医药文化基因植入和传承要从娃娃抓起，让更多的青少年了解中医药、走近中医药，培养其珍视祖国优秀传统文化，对于增强青少年文化自觉和文化自信，进而增强民族自信和国家自信，厚植爱国主义情怀，践行社会主义核心价值观，都具有重大而深远的现实意义和历史意义。

中国中医药出版社作为全国中医药行业规模最大的权威出版机构，一直秉持"立足中医药内容产业，关注健康与文化传播"的发展理念，为切实履行中央文化企业的历史使命和社会责任，积极承担中华优秀传统文化传承发展工程支持项目——《全国中小学中医药文化知识读本》（以下简称《读本》）。按照要求，为了将《读本》打造成龙头项目，在传承发展中华优秀传统文化的工程中发挥示范引领作用，项目组高度重视，精心组织，充分汲取专家的智慧和力量，在编写前充分调研，召开专家论证会，认真听取了教育界专家、中小学一线教师、中医药行业相关专家、有同类书籍编写经验的编者等各方意见，之后又分阶段举行了大纲研讨会、大纲定稿会、编写会、审稿会、定稿会等，旨在编出符合中医药文化进校园基本要求和中小学教学实际需求的精品中医药文化课读本。两年多来，项目组成员和全体编委会专家共同努力，付出了非常艰辛的劳动，经反复切磋，精心打磨，《读本》终于得以面世。

《读本》具体特点：一是侧重传播中医药文化。本套《读本》侧重传播中医药文化，而非专业知识。博大精深的中医药文化不单单是医学知识，还蕴涵深厚的传统文化和哲学思想。在中小学阶段开展中医药文化知识教育，并不是为了给学生灌输医学知识、培养"小郎中"，而是从小培养其健康生活的理念，并通过学生们把中医药的科学价值与精神传递给每一户家庭。建议家长和学生一起学习，共同进步，提高家庭乃至整个社会的健康素养。同时，对于增强青少年的民族自信心和自豪感也有很深远的意义。二是根据不同阶段学生特点编写。本套《读本》分小学版和中学版两个版本，分别设上册和下册，共4册，每册18学时。在内容表现形式上，充分考虑到中小学生的年龄特点和阅读习惯，小学生读本注重故事的趣味性，知识点偏于直观、感性；而中学生读本更注重知识的系统性，为能力培养奠定基础，另外，中学生更强调主动学习，适当增加了思考性内容。书中配有大量插图，以求图文并茂，生动活泼，增加趣味性、可读性。

《读本》的编写，凝聚了全国中医药行业及中小学教育界专家学者们的集体智慧，谨向有关单位和个人致以衷心的感谢！

需要强调的是，面对2020年初突如其来的新冠肺炎疫情，在习近平总书记的亲自指挥、亲自部署下，我国当前已取得抗击疫情的重大战略成果，而中医药在抗击疫情中的优异表现和突出贡献，充分彰显了中医药的智慧和力量，展现了中医药健康文化的巨大魅力。此时此刻《读本》出版面世，使我们更加珍视热爱中医药这块中华文明的瑰宝。希望大家行动起来，以《读本》出版为契机并作为弘扬中医药文化的具体抓手，切实推进中医药文化进校园、进课堂、进教材！让我们在浓浓的中医药校园文化氛围中，更加深切地感受民族文化的自信！

在《读本》项目实施过程中，我们始终坚持质量至上的精品意识，但是尽管组织者与编写者竭尽心智，精益求精，《读本》仍有一定的提升空间甚至不足之处，敬请广大读者提出宝贵意见和建议，以便今后修订和提高。

中国中医药出版社

2020年6月

编写说明

　　文化兴国运兴，文化强民族强。没有高度的文化自信，没有文化的繁荣兴盛，就没有中华民族的伟大复兴。中医药学是中国古代科学的瑰宝，也是打开中华文明宝库的钥匙，凝聚着中国人民和中华民族的博大智慧，是我国文化软实力的重要体现。切实把中医药这一祖先留给我们的宝贵财富继承好、发展好、利用好，是建设健康中国、实现中国梦的一项重大战略任务。

　　小学生是祖国的未来，文化的传承要从少年抓起。中医药文化的传承离不开基础教育的支撑。为贯彻落实《国务院关于印发中医药发展战略规划纲要（2016—2030年）的通知》（国发〔2016〕15号）精神，加快推进中医药知识进校园，在中宣部的支持下，由中国中医药出版社组织专家编写本教材，力图将中医药知识的普及与基础教育拓展性课程有机衔接，使小学生通过课程学习，在心中燃起"信中医、爱中医、用中医"的火种。

　　本教材分6个单元，共36课。内容包括医史人物、中医思维、中药常识、养生知识及针灸推拿等中医特色疗法。每篇课文分"读一读""想一想""学一学""做一做"四个部分，"读一读"精选趣味性、科学性和实用性强的小故事，使教学内容尽量贴近学生的认知水平和阅读兴趣；"想一想"通过对故事的解读让学生理解故事背后的中医药文化的精华和智慧；"学一学"向学生介绍与故事相关的中医药知识，使之成为他们今后多种健康行为的动因；"做一做"让学生在实践活动中体验中医药文化的博大精深。

　　本教材由中国工程院院士、国医大师王琦教授，国医大师孙光荣教授担任主编，方剑乔教授、何清湖教授担任执行主编，负责教材编写大纲的审定及各单元内容的筛选和衔接，统筹全书编写工作。来平凡担任副主编，对全书进行了统稿。各编委的具体分工为：第一单元由黄红梅、喻松仁、杨频、储全根、顾一煌撰写，第二单元由黄红梅、刘珊撰写，第三单元由阚湘苓撰写，第四单元由刘更生、顾一煌撰写，第五单元由储全根、喻松仁、杨频撰写，第六单元由来平凡撰写。

由于出版时间紧，虽几经修改，不足之处仍难避免，恳请各位老师、同学批评指正，以便再版时修订提高。

《全国中小学中医药文化知识读本》（小学版）编委会

2020年2月

目 录

第三单元　疾病的起因

第一单元　爱上中医药

1 走近中医

【读一读】

中华瑰宝，伤科圣药

放暑假了，小海螺、丁丁、小雪一起到小欢家玩，小雪自告奋勇给大家切西瓜。

听见"啊"的一声，小伙伴们赶紧冲进厨房。他们看见小雪的手受伤了，鲜血

放心吧！

小雪，小心点手！

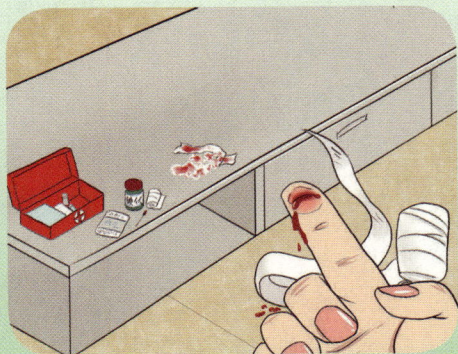

顺着手指往下滴。小欢赶紧拿来急救包，忙活了半天，血还是止不住地流。

刚好爷爷从邻居家回来了，他取来一种药粉，撒在小雪的伤口上，然后包扎起来。很快伤口不再出血了，大家终于松了一口气。

小海螺好奇地问："爷爷，那是什么药粉，止血效果这么好？"

爷爷说："这是一种中药，叫云南白药，可以治疗多种外伤，是清朝的民间中医曲焕章研制的。因为药效显著，救人无数，闻名国内外，所以被称为'中华瑰宝，伤科圣药'。云南白药的配方和工艺到现在都是国家绝密。"

小雪举起受伤的手指，得意地说："怪不得手不怎么疼了，原来我用的是伤科圣药呀！"

同学们哈哈地笑起来。大家围坐在爷爷身边，丁丁说："爷爷，早就听小欢说，您是了不起的中医大夫，您给我们讲讲中医吧！"

爷爷说："中医是我们祖先发明的一种医术，又称'岐黄之术'，有几千年的历史了。中医治病救人，守护着我们中华民族生生不息，繁衍至今。所以说，中医博大精深，要讲的话题太多了，有名医故事，医道精神；有《黄帝内经》《本草纲目》等流芳百世的医学典籍；有诺贝尔医学成就；有治病养生的道理；也有中药、针灸、拔罐等多样化的治疗手段。如果你们有兴趣，我慢慢讲给你们听吧……"

【想一想】

中医是什么？为什么会有中医、西医之分呢？

在远古时代，没有医，没有药。我们的祖先以狩猎为生，经常会受伤出血，他们无意中接触到一些植物，发现有助于止血。当身体扭伤时，无意碰到身体的某些部位，发现疼痛可以缓解。慢慢地，人们发现越来越多的植物、动物、矿物等可以治疗咳嗽、呕吐、失眠等各种病症，逐渐就形成了中药学的知识和理论。他们在人的身上也发现很多有规律分布的治疗病痛的点（称为穴位），逐渐形成了经络学和腧穴学。古代的医家通过观察、记录、整理，将不同的病症进行分类，并将中药、经络穴位组合应用于治疗中，形成了中医学。

"中医"起源和发展于生活实践，在几千年的历史中，不仅积累了治病救人的理论与方法，也被广泛应用于民间生活，发挥养生、保健的作用。

"西医"是近代随着西方科技文化一起传入中国的西方医学。当时出现了两种医学并存的局面，为了加以区分，逐渐将中国医药称为"中医""中药"，将西方医药称为"西医""西药"。

【学一学】

岐黄之术

"岐"是黄帝的臣子岐伯，他被誉为中医学的鼻祖，"黄"指的是古代的轩辕黄帝。相传黄帝常与岐伯探讨医学问题，其中的很多内容都被记载于《黄帝内经》中。《黄帝内经》是现存最早、最权威的中医经典著作，距今已经有2000多年。后世出于对黄帝、岐伯的尊重，将中医称作"岐黄之术"。

以《黄帝内经》中记载的一个穴位为例，我们一起来学习一下，感受中医药的魅力吧。

后溪穴：可以调理腰、颈、眼部的疾病。

后溪穴位置：手握成拳头时，手掌小指侧的小突起处。

后溪穴操作：把双手后溪穴的部位放在桌沿上，用腕关节带动双手，左右来回滚动，会有轻微的酸痛感。

后溪穴

后溪穴

【做一做】

学习的时候，每隔1小时，可以在桌沿上滚动按揉后溪穴1分钟，可以缓解颈、腰、眼部的疲劳，预防颈部、腰部及近视等疾病。

每·课·一·语

岐黄之术，千年传承。

2 悬壶济世

【读一读】

药神壶翁

东汉时期，有一年夏天，许多人得了瘟疫，肚子疼得吃不下饭，头痛得睡不着觉，坐立不安，非常痛苦。更让人担心的是，这种病会传染，生病的人越来越多，医生也束手无策。大家害怕被传染都不敢出门，街道上失去了往日热闹的场面，家家户户传来的不再是欢声笑语，而是痛苦的呻吟。

正当大家不知所措时，城里来了一位慈祥的白发老人，在集市口开了一家医馆，门前还悬挂着一个装满药丸的大葫芦。陆陆续续有人前来看病，老人耐心地询问病情，仔细查看患处，随后从葫芦里倒出药丸，让病人服

下。老人的药非常灵验，人们服用后，一个个都好了起来。这样一传十，十传百，越来越多的人慕名而来。渐渐地，街道上恢复了往日的生机，家家户户又传来了欢声笑语。人们为了感谢老人，送来许多贵重的礼物，但老人只留下一小部分，其余的都送给了缺吃少穿、无家可归的穷人。当有人询问老人姓名，想为他著书立传时，老人都婉拒了，他只想全心全意地救治病人，并不在乎名利。

由于老人的门前悬挂着一只葫芦，大家都称他"壶（葫）翁"。后人为了纪念壶翁，常在药铺门口挂一个药葫芦作为行医的标志，表达向壶翁学习"悬壶济世"的决心。渐渐地，"悬壶济世"便成了医生治病救人的代名词。

【想一想】

你认为怎样才能成为一名好医生？人们常说"医者仁心""大医精诚"。作为一名医生，应有济世救人的仁爱之心，做到医术精湛，不怀贪念，态度诚恳，把病人当成自己的亲人，广施良药，济世救人，这才能担得起"悬壶济世"的赞誉。

历史上有许多这样的医生，如扁鹊、华佗、孙思邈、葛洪等，他们拒绝了高官厚禄的诱惑，坚持留在民间，全心全意用自己精湛的医术为百姓医治病痛。凡是没钱看病的人，他们不但不收诊费、药钱，还腾出房子来给病人居住，并亲自熬药给病人喝。这样的医生，都是"悬壶济世"的榜样。元朝诗人张昱在《拙逸诗》中写道："卖药不二价，悬壶无姓名。"就是医生不求名利、悬壶济世的真实写照。

【学一学】

葫芦是个"宝"

葫芦外形像"吉"字，有吉祥之意，寄寓了医生普济世人的美好愿望，也表达了人们对美好生活的向往。

葫芦有哪些用途呢？

（1）葫芦是很好的容器。从外形上看，葫芦"嘴小肚大"，密封性好，可以保持所储存物品干燥，防止腐败变质，而且携带方便，是很好的盛药容器。这也是古时医生悬挂或随身携带葫芦的原因。

（2）葫芦可以食用。新鲜的葫芦和叶子可以做成美食，相信很多同学都吃过。

（3）葫芦是中药材，可以医治很多疾病。用葫芦皮煎水服下，可以帮助病人消除水肿；当病人出现口干、烦躁睡不着觉时，取新鲜葫芦煎水服用，可以帮助入睡。此外，用葫芦籽配牛膝煎水含漱，可以治疗牙齿松动、牙龈肿痛等口腔疾病，真可谓一身是宝。

【做一做】

（1）和妈妈一起做葫芦容器。

材料：干葫芦1个、丝线1段、颜料和画笔1套。

做法：将葫芦上端锯开，将里面的瓤和籽清理干净，用丝线将两部分连接起来，再画上喜欢的图案，就可以在葫芦里面装进喜爱的东西了。

（2）给家人讲一讲"悬壶济世"的由来，并说一说葫芦的功效和用途。

每课一语

医乃仁术，济世活人。

3 李时珍与《本草纲目》

【读一读】

李时珍亲尝药草

　　李时珍出生在明代一个医学世家，祖父、父亲都是医生。李家后院种着好多药草，李时珍从蹒跚学步之日起，就和这些草木结下了不解之缘。他喜欢看这些花草发芽、开花、结果；喜欢看父亲把它们制成草药，为别人治病。

　　有一次，李时珍路过一个山村，看到前面围着一大群人。走近一看，只见一个人醉醺醺的，还不时地手舞足蹈。一了解，原来这个人喝了用山茄子泡的药酒。"山茄子……"李时珍望着笑得前俯后仰的醉汉，记下了药名。回到家，他翻遍药书，找到了有关这种草药的记载。可是药书上写得很简单，只说了它的本名叫"曼陀罗"。

　　李时珍决心要找到它，进一步研究它。后来李时珍在采药时找

到了曼陀罗，并按村民说的办法，用曼陀罗泡了酒。过了几天，李时珍决定尝一尝，亲身体验一下曼陀罗的功效。他抿了一口，味道很特别；又抿一口，舌头以至整个口腔都发麻了；再抿一口，人昏昏沉沉的，不一会儿竟发出阵阵傻笑，手脚也不停地舞动着；最后，他中毒失去了知觉，摔倒在地。

　　一旁的人都吓坏了，连忙给李时珍灌了解毒的药。过了好一会儿，李时珍醒过来了，大家这才松了一口气。醒来后的李时珍兴奋极了，连忙记下了曼陀罗的产地、形状、习性、生长期，写下了如何泡酒以及制成药后的作用、服法、功效、反应过程等。有人埋怨他太冒险了，他却笑着说："不尝尝，怎么断定它的功效呢，再说，总不能拿病人去做实验吧！"听了他的话，大家更敬佩李时珍了。就这样，一种可以用于临床麻醉的药物问世了。

　　李时珍的一生，成果卓著，他所著的《本草纲目》，为中医药事业做出了巨大的贡献。他不仅是中华民族的骄傲，也是公认的世界文化名人。如今，蕲州雨湖南岸的李时珍墓前，有一座用花岗石砌成的墓门，横梁上镌刻着"科学之光"四个大字，这便是华夏子孙对他的最高赞誉。

【想一想】

　　李时珍为什么要写《本草纲目》呢？李时珍20岁那年，蕲州发生了一场严重的水灾。李时珍目睹惨景，心如刀绞。他和父兄一道，没日没夜地救护着病人，不知把多少濒临死亡的人从死神手中抢了回来。但是，也有很多病人因为用药不当，莫名其妙地送了性命。原来，几种古药书对药物的性能记载有误，这一桩桩、一件件药物误人的事，在李时珍心中激起巨大的波澜。毫无疑问，古医药书籍蕴含着丰富的知识和宝贵的经验，但也确实存在着一些漏误，若不及早订正，医药界以它们为凭，以讹传讹，轻者会耽误治病，重者要害人性命啊！于是，李时珍下定决心要重修本草典籍。

【学一学】

神奇的百科全书《本草纲目》

《本草纲目》是由明朝伟大的医药学家李时珍（1518—1593）为修改古代医书中的错误而编，他以毕生精力，亲历实践，广收博采，对本草学进行了全面的整理总结，历时29年编成，是多年心血的结晶。《本草纲目》共有52卷，载有药物1892种，其中载有新药374种，收集药方11096个，书中还绘制了1160幅精美的插图，约190万字，分为16部、60类。他所使用的对植物的分类方法，要比瑞典的植物分类学家林奈早二百年。

1596年，《本草纲目》在南京的私人刻书家胡承龙的刻印下出版。1603年，又在江西翻刻。从此，在国内得到广泛的传播。据不完全统计，《本草纲目》在国内至今有三十多种刻本。1606年，《本草纲目》首先传入日本。1647年波兰人弥格来中国，将《本草纲目》译成拉丁文流传欧洲，后来又先后译成日、朝、法、德、英、俄等文字。英国生物学家达尔文称《本草纲目》为"1596年的百科全书"。

1596年的金陵胡承龙刻本现藏于中国中医科学院图书馆，并于2010年3月入选"世界记忆亚太地区名录"。

【做一做】

看看这些药物你们认识吗？

牡丹　　　　　　　　菊花

连翘　　　　　　　　金银花

药方无贵贱，效者是灵丹。

4 屠呦呦的贡献

【读一读】

中医药获诺贝尔奖

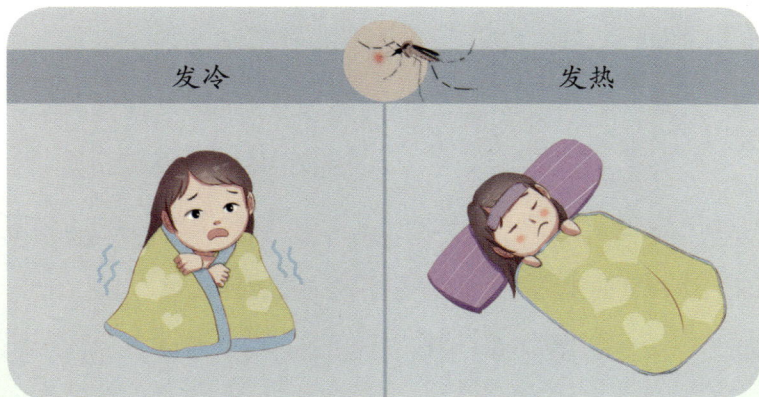

同学们，你们听说过"打摆子"这个病吗？在医学上，这个病叫疟疾，它是由蚊子叮咬人体后传播一种寄生虫而导致的疾病。得了疟疾非常难受，人会出现发热、发冷、打寒战、身体痛等症状。在非洲和东南亚的一些热带国家，有一种恶性疟疾的死亡率很高，但一直没有治疗此病的有效药物。

为了攻克疟疾，1967年5月23日，我国政府组织全国的相关专家联合研究抗疟新药，这个计划叫"523计划"。屠呦呦担任其中一个研究组的组长，她带领科研人员广泛查阅中医古籍，走访名老中医，从两千多个方子中选定了青蒿这味中药。青蒿在我国古代是治疗疟疾的主药，历代医学著作都有记载。但研究组经过反复试验发现，效果并不理想。

于是，屠呦呦又反复查阅中医古代文献，最终在东晋葛洪的《肘后备急方》中发现了一段文字：青蒿一把，以水二升泡，然后绞榨取汁服用。屠呦呦陷入沉思：为什么葛洪不使用中医常见的煎药方法，而是要用这种方法来制取药物呢？是不是煎煮温度比用水泡的温度高，破坏了药物的有效成分呢？

想到这一点之后，屠呦呦改用乙醚来提取青蒿抗疟疾成分，因为乙醚的沸点远比水低。随后，研究组将用这种方法得到的青蒿提取物给染有疟疾的小鼠做治疗试验，结果发现疗效显著提高。

在此基础上，她的团队在经历了190次试验失败后，终于在第191次实验中取得了成功，找到了抗疟疾的有效成分——青蒿素。此成分对恶性疟疾有良好的疗效，目前已拯救全世界数百万人的生命。

屠呦呦对治疗疟疾所做出的重大贡献，使她获得了2015年的诺贝尔生理学或医学奖。这是我国科学家首次在自然科学领域获得的世界最高奖。在颁奖大会上，屠呦呦说：青蒿素的发现，是传统中医献给世界的礼物。

【想一想】

（1）同学们，为什么我国科学家获得的首个诺贝尔生理学或医学奖诞生在中医药领域呢?

因为中医药在我国已有几千年的历史,是我国原创的医药科学,是一个伟大的宝库,有着丰富的防病治病、养生保健经验,为守护中华民族的健康做出了巨大贡献。在防治新型冠状病毒肺炎中,中医药发挥了重要的作用。我国还向意大利等国家捐赠了中成药,以期为世界各国人民的健康提供更多的帮助。除此以外,中医药还有很多有价值的知识值得我们去学习、挖掘和研究。

(2)同学们,屠呦呦为什么会取得成功?

屠呦呦经过了190次失败后,才取得了成功,可见成功来之不易。失败是成功之母,要想在学业和事业上取得成就,就要有坚韧不拔的毅力。

【学一学】

处处留心皆学问

屠呦呦发现的药物叫青蒿素,来源于一种叫青蒿的植物。青蒿遍布全国各地,同学们可以在春天或夏天,让爸爸妈妈带你到野外去找一找青蒿,观察一下青蒿的生长形态。青蒿有多种,治疗疟疾效果好的叫黄花蒿。你能试着在野外找到黄花蒿吗?

通过学习,我们知道疟疾是通过蚊子传播的。请同学们查阅相关资料,了解蚊子是怎么传播疟疾的。

 【做一做】

中医治病的方式有很多，但主要是喝中药汤剂，就是根据医生开的处方，把若干种中药放在一起煎煮，患者服用煎后的药汁。

同学们可以利用课余时间去中药房看看中药师是如何煎煮中药的，还可以到药店去买几味中药，在家长的指导下学习煎煮中药。下面请同学们煎一款清咽利喉茶。

1　　　　　2　　　　　3

4　　　　　5　　　　　6

煎药步骤小建议：

（1）准备金银花、菊花、桔梗、甘草各10克。这四味中药合起来具有清热解毒利咽喉的作用，对于咽喉肿痛不适有较好疗效。它们都是药食两用的中药，服用比较安全。

（2）准备一个煎中药的容器，建议使用陶罐。

（3）煎药前先用清水浸泡药材半小时左右。

（4）将泡好的中药在煤气灶上先用大火煎煮，煮沸后再转小火煎20～25分钟关火。

（5）将煎好的药倒入碗中，约半碗。

注意：煎煮中药要在家长的指导下进行，防止烫伤。

每 课 一 语

青蒿素是中医药献给世界的一份礼物。

5 体育健将爱上中国"印"

【读一读】

中医药在世界的影响

　　小海螺迷上游泳以后，收集奥运游泳冠军的照片成了他的一大爱好，照片中有中国的林莉、德国的迈克尔·格罗斯、美国的迈克尔·菲尔普斯等。他非常喜欢菲尔普斯，想着将来长大了也要成为像菲尔普斯那样厉害的游泳冠军。

　　小海螺在一张2016年巴西里约热内卢奥运会上菲尔普斯的照片中看到，菲尔普斯的肩部、背部有一些圆圆的印痕，这到底是怎么回事？小海螺上

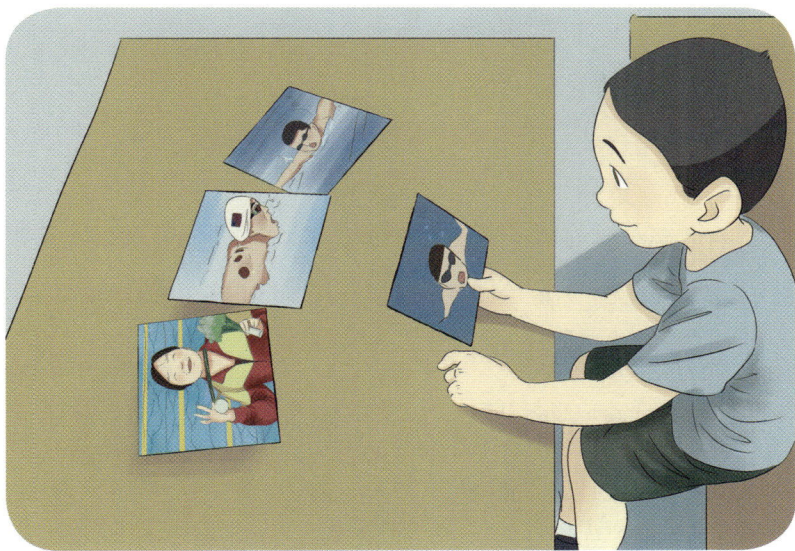

网查询，原来菲尔普斯肩背部的印痕是中医拔火罐留下的"罐印"。中医拔火罐怎么和美国游泳运动员有关，小海螺又做了更多的了解。

【想一想】

　　同学们见过中医拔火罐吗？拔火罐在中国有着悠久的历史，是中医治疗方法之一。中国与世界各国的文化交流非常密切，据史料记载，早在公元5世纪中医就随着中华文化传到了日本。中医文化是中华民族的国家文化符号之一，也日益成为国家文化软实力的重要组成部分。目前，世界各国人民对于中医的认识不断提高，截至2019年，中医已经传播到世界上180多个国家和地区，澳大利亚、葡萄牙等国更成为世界上最早一批为中医立法的国家。中医药不仅有防治疾病的实用价值，其中更蕴含了丰富的中国传统文化。2010年，联合国教科文组织将"中医针灸"列入"人类非物质文化遗产代表作名录"。

【学一学】

中医拔罐

中医拔罐是以罐为工具，利用燃火、抽气等方法排出罐内空气，形成负压，使之吸附于穴位或应拔部位的体表，造成局部皮肤充血，以达到防治疾病的目的。我国拔罐疗法历史悠久，最早用兽角作为吸拔工具，所以也称为"角法"。目前，关于拔罐最早的文字记载见于湖南长沙马王堆汉墓出土的《五十二病方》中记载的角法，这表明中国医家至少在公元前2世纪就采用拔罐这种治疗技术了。

随着医疗实践的不断发展，火罐材料由动物犄角逐渐改进为竹罐、陶罐、玻璃罐等；拔罐方法上，有煮水排气、燃火排气、抽气等；临床治疗方面，从单纯吸毒排脓等治疗外科痈（yōng）肿，发展到治疗肌肉劳损、风湿痛、感冒、头痛、哮喘等疾病。

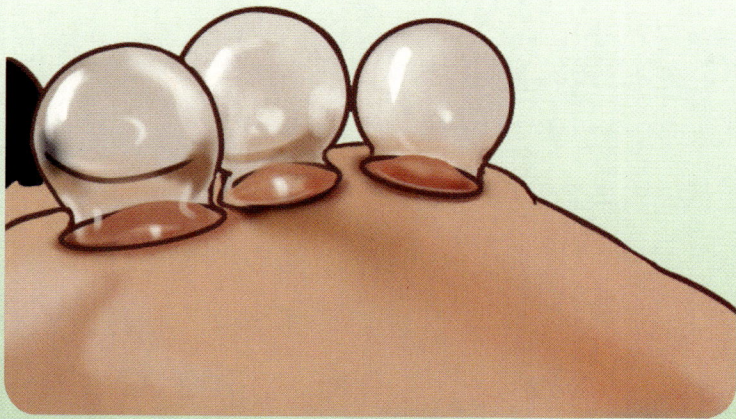

【做一做】

（1）识别以下罐具，并把相应的名称填写到图片下的括号里：玻璃罐、竹罐、陶罐、抽气罐。

（　　　）

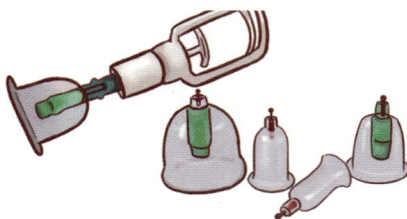

（　　　）

（　　　）

（　　　）

（2）上网查资料了解，除了中医拔罐外，还有哪些中医方法技术在海外被广泛使用。

每课一语

想要身体健，火罐不可欠。

6 生活中的中医

【读一读】

中医治疗花样多

星期六的早晨，小欢约了小雪、丁丁、小海螺一起来到爷爷的中医馆参观。

一进医馆，大家就被各种琳琅满目、新奇古怪的治疗工具吸引了。

爷爷带着大家来到柜子前面。丁丁大声问："爷爷，柜子里各种形状的工具都是做什么的？"

小雪指着针具说："这个我认识，是针灸针，前几天妈妈头痛，医生就是用这个针扎在妈妈的头上，很快妈妈就不痛了。爷爷，您这里针的样式好多呀！"

小海螺说："爷爷，这个是三伏贴吧？我小时候总咳嗽，一到三伏天，妈妈就带着我去医院贴三伏贴，后来我就不再咳嗽了。"说完，小海螺又拿起了一根艾条，"这个我也用过，我着凉肚子疼时，妈妈就把这个艾条点燃，熏我的肚脐，几分钟后就不疼了。"

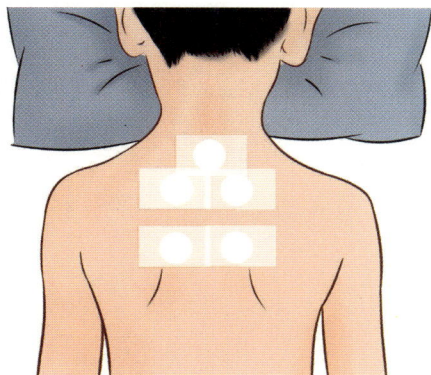

爷爷说："大家说的都对，中医的治疗方法非常丰富，除了我们熟悉的口服中药以外，还有针灸、贴敷、刮痧、拔罐等，这些治法虽然选用了不同的工具，但都是以身体上的经络、穴位为基础的。掌握了这些经络和穴位，遇到问题时，即使没有工具，只用手也可以治疗，比如推拿。"

丁丁说："上次我落枕了，小欢给我揉了几个穴位，就没有那么疼了，说是跟您学的，这就是推拿吧。"

爷爷说："对，这是比较简单的推拿手法。除了上面提到的治法，我们生活中常用的还有中药药浴、熏蒸等。这些都是我们的祖先在医疗实践中总结出来的有效方法，在我们现在的生活中也随处可见，应用十分广泛，方便有效。不仅可以用于疾病的治疗，还可以用于养生、保健。"

【想一想】

针灸、贴敷、刮痧、拔罐、推拿等很多治法，都是以身体上的经络、穴位为基础的，想一想身体上的经络和穴位是什么样的呢？

人体的经脉多是左右对称的。例如人体的左右两侧各有十二条经脉，称作"十二经脉"；除此之外，在身体的前正中线有一条经脉，叫"任脉"，后正中线有一条经脉，叫"督脉"，合称"十四经脉"。这些经脉是按照一定的顺序相互连通的，就像城市的道路一样，一定要保持畅通，如果发生堵塞，身体就会生病。

　　一般将归属于十四经脉的穴位称为"经穴"，至清代记载的经穴总数

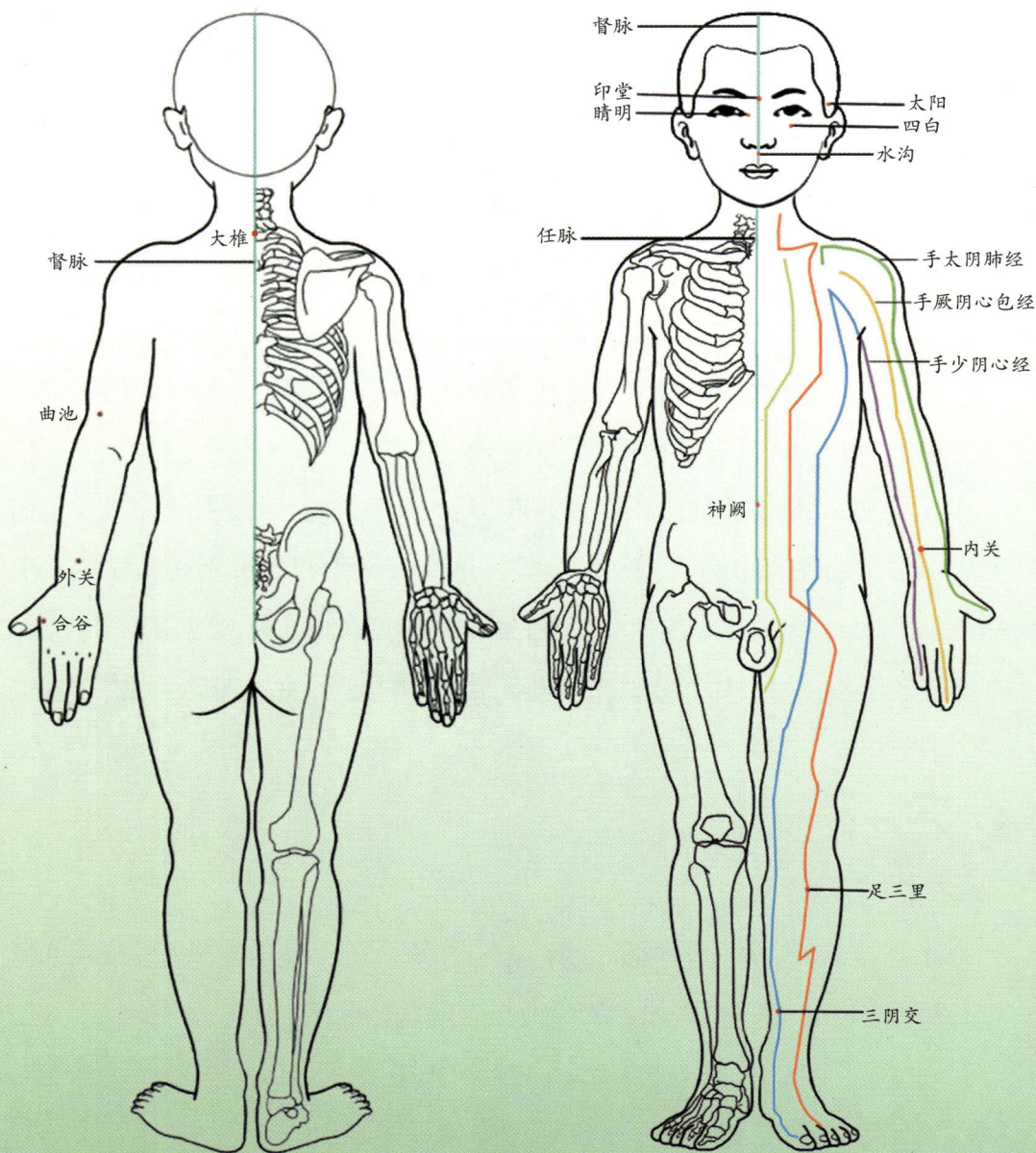

督脉
印堂
睛明
太阳
四白
水沟
任脉
手太阴肺经
手厥阴心包经
手少阴心经
神阙
内关
督脉
大椎
曲池
外关
合谷
足三里
三阴交

达361个，近年来在督脉上又增加了一个穴位"印堂"，故目前经穴总数为362个。通过刺激这些穴位，可以疏通经络，起到防病和治病的作用。

【学一学】

掐人中，治晕厥

掐人中（即水沟穴）是一种常用的急救方法，可以帮助晕厥的人苏醒过来（晕厥是指突然晕倒，暂时失去知觉）。此外，以手指端点按水沟穴，还可以瞬间止住喷嚏。

水沟穴位置：鼻子和嘴之间的鼻唇沟的中线上，在上1/3与下2/3交界处。

水沟穴操作：拇指掐法。

操作方法：用拇指甲边缘反复、垂直、用力按压水沟穴，频率为20～40次/分钟。

动作要领：

①拇指按压时，用其余四指将晕倒的人的下颌抬起来，保证呼吸道通畅。

②学生可以用双手操作，增加力度。将另一侧的拇指搭在按压的拇指上，双手四指同时抬起下巴，一起用力。

③不可抠动，以免损伤皮肤。

④掐后可在穴位点处用拇指肚轻轻揉一揉，以缓解疼痛。

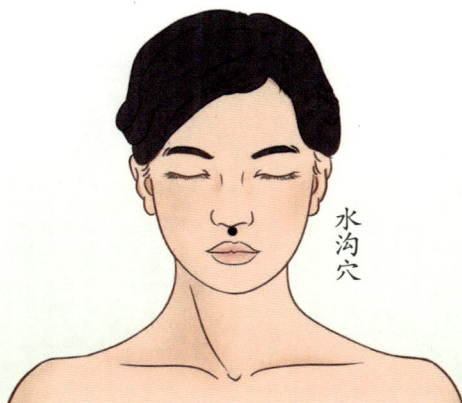

单手掐人中　　点按人中　　双手掐人中

温馨提示：

①引起晕厥的原因很多，掐人中只能解决一小部分问题，如中暑、惊吓、生气等原因引起的晕厥。

②务必牢记，遇到紧急情况，一边向身边的大人求救，拨打120急救电话；一边掐人中，紧急处理。

③打喷嚏是身体从鼻道排除刺激物或外来物的一种方式，通常痛快地打出来更好。止喷嚏的方法一般只用于吃饭中，或需要安静的特定场合。

【做一做】

学校开运动会了，小明和同学们坐在观众席上，到了下午，太阳直晒着大家，感觉越来越热。小明身边有一位女同学，平时身体比较弱，忽然晕倒在地。这时你该怎么做？

每 课 一 语

中医疗法，简便廉验。

第二单元　身体的信号

7 探测身体的信号

【读一读】

巧遇中医

暑假到了，小雪满怀期待，兴高采烈地和爸爸、妈妈还有弟弟乐乐一起登上了南下的列车。

到了下午，乖巧的乐乐开始不停地哭闹，还吐了一地，他发烧了。妈妈随身没带什么药，除了给他喝点水，什么也做不了。

小雪靠在妈妈身边看着弟弟，心疼地说："刚才还好好的，怎么就病了呢？"

列车中途停车，上来一位年轻人，坐在小雪旁边刚刚空出来的座位上。听到哭声，他走过来跟乐乐妈妈说："我是中医大夫，也许可以帮您。"他

看了看，问了问，又摸了摸，说："应该是积食引起的发烧。别着急，我有办法。"他开始用手轻柔地在乐乐的手上、胳膊上推来揉去，慢慢地乐乐不哭了；接下来，乐乐睡着了；又过一阵儿，乐乐退烧了。小雪一直默默地守在一旁，把一切看在眼里，她心里嘀咕着："什么是积食发烧？他怎么知道的呢？而且没打针、没吃药，动了动手指，就把弟弟的病治好了，简直太神奇了！"

【想一想】

　　乐乐为什么会生病？原来，乐乐是东西吃得太多，食物不能消化，堆积在消化道里下不去，中医称之为"食积"。食物堆积不通是可以引起发烧的，所以乐乐是积食引起的发烧。

　　那么年轻的中医大夫又是怎么知道乐乐是因为积食引起发烧的呢？故事有一个情节"他看了看，问了问，又摸了摸"，这是中医诊断的基本方法，即"望、闻、问、切，四诊合参"。我们的身体会不断地发出各种信号，中医就通过望、闻、问、切四种方法把跟疾病有关的信号收集起来，进行综合分析，然后对疾病做出准确的判断。

【学一学】

望、闻、问、切，四诊合参

　　望，就是用眼睛观察。闻，是指用耳朵听，用鼻子闻。问，是指用语言询问。切，是用手触摸脉搏、身体等。

　　下面，就让我们用望、闻、问、切四诊合参的方法在故事中找到判断乐乐积食发热的信息吧。

方法	信号
望	
闻	
问	
切	

【做一做】

　　简单练习通过望、闻、问、切收集自己身体的信息。

方法	信号	记录
望	舌苔	□正常□白腻□黄腻
	大便	□正常□便干□便稀
	尿色	□正常□尿黄
闻	口气	□正常□臭
	声音	□咳嗽□音哑□打呼噜
问	食欲	□很香□没胃口
	劳倦	□不困□没精神
切	体温	□正常□烫手
	触痛	□无痛处□有痛处

在生活中，我们要留意使用望、闻、问、切发现身体信号，及时告知父母和老师，分析原因，想办法帮助身体解决问题，这样我们才能保持健康的身体和愉快的心情。

每课一语

望、闻、问、切，四诊合参。

8 司外揣内

【读一读】

挑西瓜的原理

　　萱萱的妈妈这两天不舒服，一直在咳嗽。恰逢周末，于是萱萱就陪着妈妈一起去附近的中医院看病。

　　医生给妈妈把了脉，又让妈妈伸出舌头，看了看舌苔。这时妈妈又咳嗽了几声，医生听了就说："您刚刚咳嗽了几声，听到这个声音很沙哑，又是干咳，好像没有什么痰，应该是肺中的津液被伤，引起肺燥了。"萱萱听了非常好奇地问："大夫，大夫，您太了不起了！只听了我妈妈的咳嗽声，就能判断她的病情，这里有什么门道吗？"

　　医生说："这就和挑西瓜的原理是一样的。拍一拍西瓜，听听声音，就能判断西瓜熟没熟。我们医生根据病人咳嗽的声音，就可以推断出可能是什么原因造成的咳嗽，从而选择合适的治疗方法，对症下药，开出适合病人本身情况的药方，这是中医'司外揣内'原理的应用。"

　　虽然萱萱还不太明白医生说的"司外揣内"是什么意思，但她想起每次和妈妈一起去买西瓜的时候，妈妈都是敲敲、听听，就知道西瓜好不好，每次买回来的西瓜都又脆又甜。也许妈妈就是用"司外揣内"法挑西瓜的吧！

【想一想】

平时我们经常在医院看到医生用听诊的方法给病人看病，在古代，中医很早就开始用"司外揣内"的诊查原则对病人进行听诊了。通过对病人外在症状的表现进行分析，来判断病人的病症，从而进行治疗，这就是中医的闻诊。医生是如何通过闻诊来诊断疾病呢？我们一起来学习一下吧！

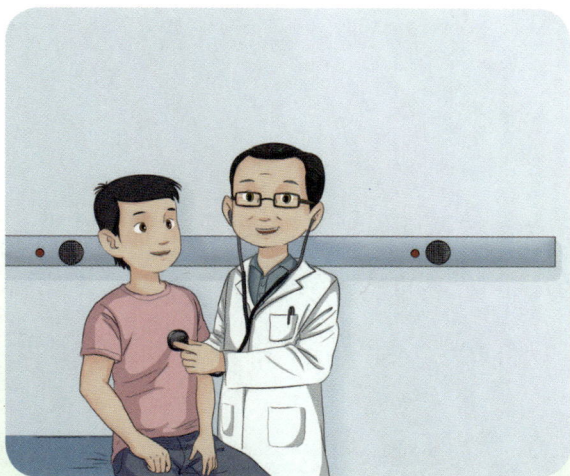

【学一学】

中医闻诊

中医的诊断方法包括望、闻、问、切四种，是基于人体体表与体内脏腑的密切关系而采取的有效诊查方式，是"司外揣内"诊察原则的具体应用。

其中闻诊包括两部分。首先，闻是闻气味，是医生用鼻子闻病人的体味、口臭、痰涕及大小便发出的气味。例如，病人有口臭，一般是因为消化不良引起的，如果有像食物腐烂的味道或者其他难闻的气味，通常是身体某个部分出现了比较严重的疾病。其次，闻还有听的意思，像《春晓》中"处处闻啼鸟"的"闻"就是听的意思。闻声是通过病人发出的各种高低、缓急、强弱、清浊的声音来判断病症的方法。比如声音过高，是气血足，人体较热；说话声音又重又含糊不清，可能是伤风感冒了，肺不舒服，就不能正常地呼吸，导致嗓子干，声带变厚，声音就又重又闷。

【做一做】

同学们，下次去买西瓜的时候，你也可以拍拍西瓜，听听不同西瓜发出的声音是清脆的还是沉闷的。回家后切开看看，发出哪种声音的瓜比较甜。结合今天学到的知识，好好体会"司外揣内"的中医原理吧！

每课一语

闻而知之谓之圣。

9 察"颜"观"色"

【读一读】

妈妈的"脸色"

　　周六的早晨，萱萱一起床就很开心，因为周末爸爸妈妈不上班，有更多的时间陪自己。更让萱萱高兴的是，今天外公外婆也从老家过来。为了好好招待他们，爸爸妈妈买了好多菜，一大早就开始忙活，萱萱也帮着打下手，准备中午吃一顿丰盛的大餐。

　　"叮咚——"门铃响了。

　　"是外公外婆来啦，我去开门！"一听到门铃声，萱萱一边兴奋地喊着，一边飞快地跑去开门。

　　外公外婆已经有两个月没见过萱萱宝贝了，一进门就把她紧紧地抱在怀里。

这时，爸爸妈妈也从厨房出来迎接二老。外婆一见到萱萱妈妈，就凑近问道："闺女啊，我看你怎么脸色不好，怎么回事，是不是病了？"

还没等妈妈开口，萱萱就抢着说："外婆，妈妈前几天咳嗽了，我陪着妈妈去看了医生，医生伯伯很厉害，只听了妈妈咳嗽的声音就知道妈妈得了什么病，妈妈吃了药，咳嗽已经好多了。"

"是啊，妈，已经好得差不多了，您不用担心！"萱萱妈说道。

"怪不得脸色这么差，那就好好歇着，和你爸一起陪萱萱玩会儿，我来做饭！"外婆心疼地说。

客厅里，妈妈陪萱萱和外公在聊天；厨房里，爸爸和外婆在准备午餐，一家人其乐融融。

【想一想】

同学们，生活中是不是经常会听到这样的话："你最近怎么脸色不好？""我看你脸色有点发黄……""你脸色不错，有什么好事啊？"这里"脸色"是指我们面部的颜色，就算不是医生，也可以通过察"颜"观"色"，大概猜出对方的身体情况，这其中蕴含着什么道理呢？

根据中医的整体观念，人体的内部与外部是统一的整体，有着密切的联系，身体内部的变化会在身体外部有所体现。中医在诊病时有一个非常重要的诊断方法，就是观察病人的脸色，即望诊中的望面色，我们可以形象地称之为"察'颜'观'色'"。

【学一学】

中医望面色

那为什么通过察"颜"观"色"就能知道病情呢？原来我们面部血脉丰富，能够反映人体气血运行及脏腑的健康状况。中医大夫可以通过观察病人面部皮肤的颜色和光泽的变化来了解病情。

黄种人正常的面色应该是微黄透红、明润光泽，这是健康的面色。由于遗传、体质、年龄等不同，正常面色也会有差别，有的偏黄、有的偏白、有的偏黑，但总体以面部红润有光泽为特点。小学生正处于生长发育的关键时期，在父母的悉心照顾下，一般面色都是红润而有光泽的正常面色。只要能够遵守作息规律，按时吃饭、入睡，注意饮食的合理搭配，坚持适度运动，就会保持红润而有光泽的健康面色。

　　但是如果身体出现了疾病，正常面色就会出现相应的变化，主要有青、赤、黄、白、黑五种，分别对应人体的肝、心、脾、肺、肾五脏。如病人面色发红，红色对应的是心脏，可能是心火过旺，有内热，血液流动得快，向上延伸到面部，脸色自然就过红。

【做一做】

　　同学们，你们学会如何察"颜"观色了吗？让我们一起观察、体会身体变化与面色变化的关系吧！

　　（1）观察运动前后的脸色有什么不同。

　　（2）观察发怒前后脸色的变化。

　　（3）如果有同学生病了，请观察健康与生病时脸色有什么不同。

每 课 一 语

望而知之谓之神。

10　望舌见变

【读一读】

黄色的舌苔

孙爷爷是位有着多年临床经验的老中医，在当地颇有名气。今天下班回到家，他看见自己的孙女和往常不太一样，没有在院子里和小朋友们玩儿，而是在家对着镜子看来看去。

"欣欣啊，你在看什么呢，那么认真，都没和小朋友一起玩儿？"孙爷爷一进门便问道。

"爷爷爷爷，今天在学校里我看到同桌小明的舌头上面好像有一层黄色的东西，我刚才对着镜子看了一下自己的舌头，怎么和小明不一样呢？"说完，欣欣伸出自己的舌头

给爷爷看，一副疑惑不解的样子。

孙爷爷看着欣欣的舌头解释说："那层覆盖在舌面上的苔状物叫作舌苔，你看看爷爷的舌苔颜色，还有你的舌苔颜色和小明的一样吗？"说着就伸出自己的舌头让欣欣观察。

"不一样，爷爷的舌苔不是黄色的，我的也不是。"欣欣一边摇头一边回答。

孙爷爷接着告诉欣欣："小明应该是身体不舒服，生病了。中医在看病时，望舌象是非常重要的一个环节。健康人的舌象应该是舌头颜色淡红鲜明，舌质滋润，舌头大小适中，柔软灵活，舌苔呈现淡淡的白色，很均匀，这是健康的信号。如果生病了，舌象就会出现一些变化，比如舌质的颜色，舌苔的颜色、厚薄变化等，像小明舌苔发黄，就是身体发出的不健康信号。小小的舌头可藏着很多身体的秘密呢。"

欣欣听完点点头说："原来是这样啊，我现在去厨房看看奶奶的舌头有什么信号。"话音未落，欣欣已经朝着厨房冲去了！

【想一想】

读了上面的故事我们知道，中医大夫可以通过观察病人舌质的颜色、舌苔的变化等方面，来判断身体的健康状况。除此之外，医生还可以通过身体哪些信号来判断病人的疾病状况呢？望面色、脉象、神态等方面都可以，这些都是中医"司外揣内"的诊病原理。

【学一学】

中医舌诊

医生通过看舌象来诊病就叫舌诊，舌头上附着的一层薄薄的白色的叫作舌苔。

舌诊是中医望诊的重要内容，通过察看舌质和舌苔的形态、色泽、润燥等可以判断病情，由此得到疾病的寒热、虚实、部位等具体信息。

这种独具特色的诊法在中医诊断中占有重要的地位。我们正常的舌象为淡红舌、薄白苔，舌质柔软、活动自如。不同的舌象代表不同的身体状况，如发现有舌体胖大、舌边有齿印的现象，多是由于脾气虚引起的。中医的许多理论其实就是运用"司外揣内"的诊病原理，不断加以丰富和完善的。

【做一做】

　　请同学们互相观察一下同桌的舌头，看看每位同学舌头的形状、颜色及舌苔的颜色、形状等有哪些不同，也可以利用镜子自己进行观察，之后互相交流，做个问诊的小医生吧！

每课一语

　　有诸内者，必形诸外。

11　由表知里

【读一读】

丁丁长疮了

　　五一假期结束了，同学们纷纷回到学校。小欢、丁丁和几个同学在一起聊天。小欢指着丁丁的脸问："丁丁，你的鼻子上怎么长了个'大红樱桃'？"大家七嘴八舌地问："你的鼻子是怎么了？"小欢站在一旁，慢条斯理地说："膏粱之变，足生大疔。"大家转过头来好奇地问小欢："什么意思呀？"

　　小欢走过来，搂住丁丁的脖子："快跟我们说说，你这几天在家都吃什么好吃的啦？"一说起吃，丁丁可来劲了，"烤羊腿、炸鸡翅、红烧肉、煎牛排、奶油蛋糕……还有巧克力、薯片……"丁丁滔滔不绝地说着，一阵阵臭臭的口气传入小欢的鼻子。小欢捂着鼻子跟大家说："丁丁好吃

的吃太多，上火了，所以鼻子上才长了个又红又大的疱。刚才我说'膏粱之变，足生大疔'，这'膏粱'是指大鱼大肉、精细的粮食，还有油炸食物等好吃的东西；全句是指好吃的东西吃得过多，会引起身体发生变化，产生疾病，足以长出这种大疱疱的意思。"

"膏粱之变，足生大疔——膏粱之变，足生大疔——膏粱之变，足生大疔……"小伙伴们蹦蹦跳跳地一边重复一边逗着丁丁，心中也暗自佩服着小欢的博学多识。

他们一路来到了教室，刚好碰上保健室的刘医生，大家把他围了起来。

刘医生看了看丁丁，了解情况后说："你们在说'膏粱之变，足生大疔'吧。"同学们回应着："对，小欢说，丁丁是大鱼大肉吃太多，上火了。"

"对，你们知道还

有哪些原因会导致上火吗？"小欢和同学们一时答不上来，刘医生建议他们回去再查看一些资料。

【想一想】

为什么会上火呢？想一想自己有过哪些上火的经历，阅读下面的资料，看能给出哪些提示。

（1）饮水不足会上火

① 该喝多少水？

11～14岁的男同学每日饮水1300毫升，女同学1100毫升［《中国居民膳食指南（2016）》推荐量］。

② 感觉渴了再喝，其实身体已缺水，易上火。

平时不要等渴了才喝水，应主动每天多次饮水，晨起、上午、下午、午晚餐前30～60分钟、睡前1小时、洗澡前后、运动前后等，均应适量饮水。

③ 甜饮料喝多也会上火。

（2）热性食物吃多了会上火

易上火的食物：油腻、油炸食品，甜点，膨化食品，巧克力，辛辣食物（辣椒、大葱、姜、蒜、韭菜），羊肉，狗肉等及某些水果（榴莲、樱桃、橘子、荔枝、桂圆等）。

（3）心情不好会上火

心情不好，郁闷也会引起上火。

【学一学】

上火的信号

身体会"说话"，我们可以通过中医的望、闻、问、切随时跟身体"对话"，了解身体的信息。

想一想，当上火时，身体还会通过什么方式给我们传递信号呢？

（1）看颜色：身体表面或者身体的一些排泄物的颜色可以给我们传递上火的信息，如：

红色：红肿、红疱、面红、唇红、舌红、眼睛红。

黄色：痰黄、鼻涕黄、舌苔黄、小便黄。

（2）闻气味：口气臭、大便臭。

（3）摸温度：手心热，皮肤发热。

（4）感受情绪：情绪易激动、易怒（通过交流询问、听声音和自身感觉，感受自己和他人的情绪）。

【做一做】

我们怎么做才能清除身体内的火呢？请选择正确的做法。

（1）上火时应该如何饮水？

A. 足量饮水，保持排出的尿是淡淡黄色或无色

B. 多喝甜饮料

C. 喝少量的水

（2）请找出有清热消火作用的食物。

绿豆　　　　苦瓜　　　　西瓜皮　　　　葱　　　　苦丁茶

橘子　　　　马齿苋　　　　穿心莲　　　　海带　　　　樱桃

每 课 一 语

膏粱之变，足生大疔。

49

12　通则不痛

【读一读】

小海螺受伤了

周一的早上，小海螺走进教室，小欢兴奋地拍了他一下，刚想说话，只听见"啊！"的一声，小海螺脸上露出痛苦的表情。几个小伙伴听到声音，马上围过来问："怎么了？"

小海螺苦着脸说："昨天早上，我在洗手间玩水，不小心滑倒了，肩膀撞到了浴缸边上……"小欢小心翼翼地撸起了小海螺的袖子，只见右肩外侧有一块青紫的瘀斑，微微有些肿。小欢关心地问："你抹药了吗？"小海螺说："没敢跟妈妈说。""快去找刘医生看看吧。"丁丁在一边插嘴道，"上次我的腿也磕肿了，刘医生用一种药水给我抹过几次就好了。"

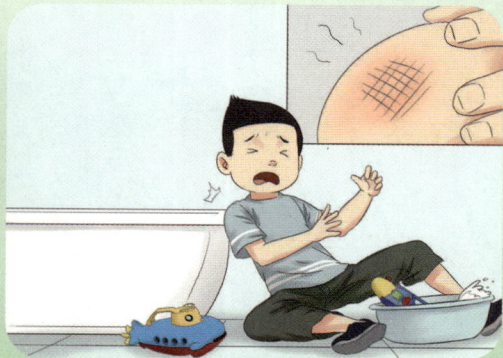

　　几个小伙伴陪着小海螺来到了校医室。刘医生问清了原委，仔细检查后说：“小海螺，这是瘀血引起的不通则痛。当我们的身体受到过强的外力冲撞后，血脉会受伤，导致血液渗出血脉之外，变成瘀血，瘀血堆积，阻塞了气血通道，不通则痛。进行治疗后，瘀血慢慢消散，血脉恢复畅通，疼痛也逐渐消失。所以，疼痛是身体气血不通畅时发出的预警信号。”

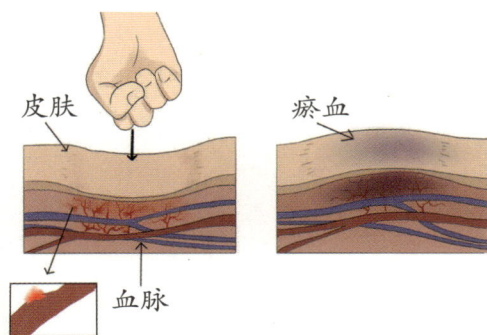

　　说完，刘医生从药柜中取出了一瓶药水，说：“这是云南白药酊，有活血化瘀的作用，可以把瘀血化开，让气血重新畅通起来。”小海螺问：“通了，我就不痛了是吗？”刘医生说：“对，通则不痛！”他一边说，一边把药水抹在瘀血的部位，不一会儿，小海螺感觉真的不那么痛了。

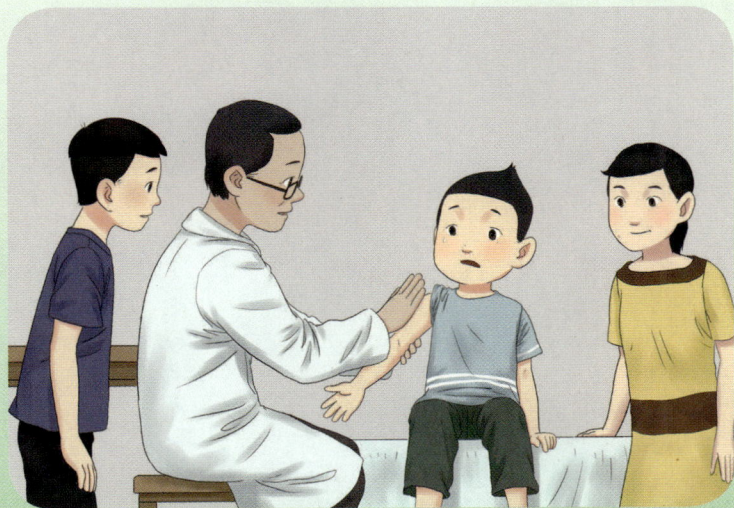

【想一想】

身体会"说话"，我们可以通过中医的望、闻、问、切随时跟身体"对话"，了解身体的信息。

想想我们还经历过哪些疼痛，这些疼痛的信号跟小海螺的瘀血疼痛一样吗？

如岔气疼痛（表现为运动时，胸肋部产生的疼痛）、受凉后肚子疼痛、烫伤的疼痛……请大家思考。

【学一学】

瘀血疼痛

原来疼痛也有很多不同的种类和特点，瘀血疼痛有什么特点呢？遇到这样的疼痛如何解决呢？

（1）瘀血疼痛的特点

刺痛，疼痛部位固定，拒按（按压时疼痛加重，不喜欢被按压）。如果是创伤引起的瘀血，部位比较浅表的，可以在皮肤表面看到青紫色的瘀斑。

（2）缓解瘀血疼痛的方法

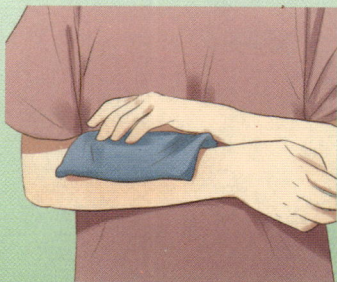

瘀血疼痛的中医治法：活血化瘀，通经止痛。

活血化瘀，就是将堆积的瘀血散开，让血液重新顺畅地流动起来，经脉通畅，自然就不痛了。

当你自己或身边的人遇到瘀血疼痛的情

况，不妨试一试活血化瘀的常用方法：

①热敷：用热毛巾敷于瘀血疼痛的部位，反复更换，保持适宜的热度。每次热敷15～20分钟，每天2～3次。

热可以加快血液流动，有利于瘀血散去。

注意：不要烫伤！

②外用活血化瘀药——红花油、云南白药酊：将红花油或云南白药酊涂抹在瘀血部位，反复轻轻按揉2～3分钟，手法慢慢由轻到重，每天按揉2～4次。

温馨提示：

（1）如果外伤导致局部肿胀、瘀血疼痛，当时要先马上冷敷，防止更多的血液渗出血脉之外，受伤24小时后，才使用热敷和按揉方法活血化瘀。

（2）如果外伤导致皮肤损伤出血，先要清洁伤口，止血。

【做一做】

如果在打球时不慎把腿撞伤，当时受伤处红肿、疼痛，没有出血，你会如何处理？24小时以后你该怎么处理，伤才会好得更快呢？

每课一语

通则不痛，痛则不通。

第三单元　疾病的起因

13　外感六淫

【读一读】

小雪感冒了

早上起床，小雪一连打了三个喷嚏，感觉一侧鼻孔不通气，"妈妈"，刚叫出声，她就感觉嗓子干干的有点疼，声音哑哑的。

妈妈走过来，摸摸小雪的额头，疼惜地说："宝贝，可能是昨天下午和小朋友们玩得满头大汗，又急着脱外套，赶上变天起风，着凉了。"

"摸着有点热，来，量个体温吧！"说着，妈妈把体温计拿过来，帮小雪放到腋下。小雪告诉妈妈感觉有点冷，想披件外套。

五分钟过后，妈妈把体温计从小雪腋下取出，看了看，说："37.8℃！

有点发烧，今天在家好好休息吧，妈妈帮你请假。情况不是很严重，多喝点水，妈妈给你刮刮痧。"

【想一想】

　　小雪因为活动出汗，适逢变天，吹风着凉了，打喷嚏、鼻塞、流清鼻涕、发烧。想一想，你们是不是也曾经有过相似的经历呢？感冒的时候，是不是有时流清鼻涕，有时流黄鼻涕；有时嗓子痒，有时嗓子疼；有时不发烧，有时发烧，这是怎么回事呢？

　　根据以上不同的表现，感冒常见风寒、风热两种类型。怕冷、头痛、打喷嚏、流清鼻涕、嗓子痒、咳嗽等症状明显的为风寒感冒；发烧、流黄鼻涕、嗓子疼、咳嗽、口渴等症状明显的为风热感冒。中医学认为风寒感冒、风热感冒应该服用不同的药物进行治疗。

　　当一个人感冒的时候，周围的家人、同学有的也感冒了，有的却没有感冒，这是怎么回事呢？

　　感受外邪之后，并不是所有人都会生病。这个时候人体的正气起了决定性作用，也就是常说的"抵抗力"。所以，积极锻炼身体，均衡饮食，是提高抵抗力的好方法，所谓"正气存内，邪不可干"。同时，随时注意保护好自己不受外邪侵袭，也是非常必要的。试想，小雪同学如果不在满头大汗的时候脱掉外套，又不逢天气骤然起风，还会感冒吗？所谓"虚邪贼风，避之有时"。

> "正气存内，邪不可干。" ——《素问·刺法论》
>
> "虚邪贼风，避之有时。" ——《素问·上古天真论》

【学一学】

外感六淫致病

小雪因为活动出汗，汗孔张开，风邪侵入，导致鼻塞、流涕、打喷嚏、咽干、咽痒，甚至疼痛，还可能会出现恶寒、发热、全身不适等表现，一般称之为"感冒"，又称"伤风"。

中医学认为感受外邪是导致疾病发生的原因之一。常见的外邪有风、寒、暑、湿、燥、火，中医学称之为"六淫"。其实，风、寒、暑、湿、燥、火也是自然界正常的气候，春季多风、夏季火热暑湿、秋季干燥、冬季寒冷，是正常的气候表现，称为"六气"。当气候变化不正常，或太过，或不及，或非其时而有其气，如"倒春寒""秋老虎""暖冬"等，均不是正常的气候表现，人们很容易生病。

刮痧疗法

　　刮痧是一种简便的中医外治方法。一般用专用刮痧板，或边缘光滑的嫩竹板、汤匙、木梳、牛角梳等工具，蘸取专用刮痧油，或食用油、清水等在体表部位进行上下、左右的反复刮动、摩擦，使皮肤局部出现红色粟粒状或暗红色出血点等"出痧"变化，达到治疗疾病的目的。刮痧具有调节人体经络气血、解除疲劳、促进血液循环和提高免疫力的作用。不太严重的感冒，可以用刮痧进行治疗。刮痧疗法简单易行，不需要药物，见效快，所以至今仍在日常生活中应用。

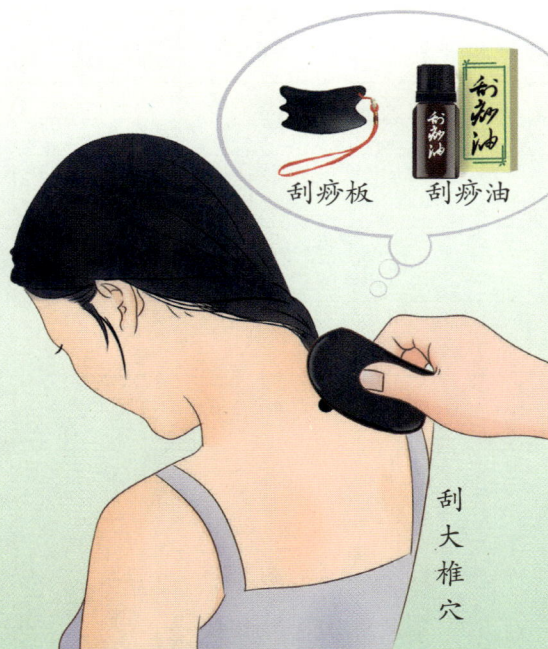

刮痧板　　刮痧油

刮大椎穴

![做一做] 【做一做】

请将以下做法中适合感冒治疗、护理的方法选出来。把你知道的其他做法写在下面的空格里。

做法	对错
适当休息，多喝白开水	
不用上学，玩游戏，看电视	
清淡饮食，多吃蔬菜	
多喝鸡汤、鱼汤，营养丰富	
刮痧、拔罐减轻症状	
病情严重，及时看医生	

每课一语

正气存内，邪不可干。
虚邪贼风，避之有时。

14 时疫侵袭

【读一读】

丁丁得了"痄腮"

　　周一的清晨，同学们陆陆续续走进教室，晨读马上就要开始了。平时活力四射的丁丁，今天无精打采地最后一个走进来。同学们关心地问："丁丁，你嘴里含着什么东西？""丁丁，你的脸有点肿！""丁丁，还没睡醒吗？怎么没精神？"

　　这时，班主任张老师也走进教室，看到两腮略肿、无精打采的丁丁，问："丁丁，怎么啦？不舒服吗？"丁丁说："有点困，嘴巴一动就疼。"边

丁丁，怎么啦？不舒服吗？

说边用手捂着自己略肿的两腮。张老师立刻警觉起来，对丁丁说："咱们还是去校医室看看吧。"

　　在校医室，保健医生认真地为丁丁做了检查，对张老师说："这位同学

得了流行性腮腺炎，这是一种呼吸道的传染病，他的症状还可能会继续加重，不能再回到班里，必须隔离，回家休息。告诉家长要注意孩子的口腔清洁，给孩子准备容易消化的食物，避免酸性食物，必要时带孩子去传染病医院看医生。"

张老师立刻给丁丁妈妈打电话，请她把丁丁接回家。随后，张老师回到班上，对同学们讲："丁丁同学得了流行性腮腺炎，我们现在打开窗户进行通风，大家如果感觉身体不舒服，一定要第一时间告诉老师或家长。"

【想一想】

丁丁得了流行性腮腺炎，班上其他同学应该怎么做呢？他们会不会也被传染上呢？日常生活中有哪些用于预防传染病的传统做法呢？

流行性腮腺炎，中医学称作"痄腮"，以一侧或两侧脸部以耳垂为中心向前后扩展的肿胀为主要症状，肿大的脸部呈半球形，张嘴或咀嚼时有疼痛感。除了脸肿之外，发热、乏力、厌食也是常见症状。流行性腮腺炎具有传染性，冬春季多发，如果班上有同学患病，应该请患病同学回家隔离休息治疗。传染病的传播途径一般为呼吸道、消化道或者接触传播，所以

艾叶　藿香　肉桂　山柰

冰片　紫苏　金银花　苍术

教室要开窗通风，其他同学要加强锻炼，不去人员密集场所，或者打疫苗、服用预防性药物，来降低被传染的概率。

中国劳动人民在长期生产活动中，创造了许多预防传染病的传统方法，一般应用气味芳香的中药，通过气味发散，发挥驱邪僻秽、驱赶蚊虫、预防传染病等作用。如端午节熏艾草、做香囊、喝雄黄酒，重阳节喝菊花酒、插茱萸等。常用的芳香类中药有艾叶、藿香、佩兰、丁香、石菖蒲、白芷、肉桂等。

【学一学】

疠气致病

中医学认为，疠气是一类具有强烈传染性的病邪，又有"瘟疫""异毒""戾气"等称谓。疠气致病，具有发病急骤、病情较重、症状相似、传染性强、易于流行等特点，包括现代许多常见传染病和烈性传染病，"痄腮"就是其中之一。常见的传染病还有流行性感冒、乙型肝炎、疟疾等，烈性传染病如流行性出血热、重症急性呼吸综合征（SARS）、新型冠状病毒肺炎、霍乱、鼠疫、天花等。

疠气所致疾病，称作疫疠或瘟疫。疫疠的发生或流行，往往与气候、环境、饮食、没有及时做好预防隔离工作等有关。

中医药如何抗"疫"

据史料记载，自西汉以来的两千多年里，我国先后发生过321次疫病流行，中华民族最终都战胜了疫病，人丁兴旺地延续到今天，这要得益于历经数千年积累的中医药防疫理论与经验。

2020年初春，一种叫"新型冠状病毒"的疫魔突然袭击了湖北武汉，并迅速蔓延，人民生命安全受到严重威胁。面对疫情，我国中医作为一支重要医疗力量第一时间参与到救治当中。中医专家们以中药为主，辅以太极拳、八段锦和穴位敷贴等特色治疗技术展开救治，取得了可喜的效果。在全部确诊病例中，有中医药参与治疗的达到92%左右。中医药为疫情防控发挥了不可替代的作用，中医治疗新型冠状病毒肺炎的经验，成了"中国方案"的亮点。

很多人或许会问，中医药抗"疫"究竟是怎么起效的？其实，中医药的抗疫理念除了抗击病毒以外，更重视调理人体内部环境的平衡，给人体创造自我修复的条件。用西医学来解释，就是调节人体免疫系统，阻碍病毒复制过程，从而达到自愈的目的。

【做一做】

（1）做一份主题小报。

大家一起动手，找一找身边关于中医药应对新型冠状病毒肺炎的预防措施，把这些内容记录下来，做一期关于传染病预防的手抄报吧。

（2）交流与分享。

把手抄报的内容与同学们分享，让我们学会保护自己，健康每一天！

每课一语

常开窗，透阳光，
通空气，保健康。

15 七情内伤

【读一读】

好学的小雪吃不下饭了

　　周末的下午，妈妈为小雪和弟弟烤制了他们平时最喜欢吃的馅饼。小雪在房间紧张复习，准备即将到来的期末考试。晚饭时间到了，香喷喷的馅饼端上餐桌。弟弟很快吃完了一块，又问妈妈要一块。小雪吃了几口，告诉妈妈吃饱了，不想吃了。妈妈很奇怪，小雪平时那么喜欢吃馅饼，为什么今天一块也没有吃完？同时也想起最近小雪每餐吃得都很少，经常看着饭菜发呆。

　　第二天，妈妈带小雪去看医生，医生对小雪进行了详细的询问和检查。除了不想吃东西以外，小雪最近大便总是不通畅，肚子感觉胀胀的。妈妈还补充说最近小雪的口中气味比较重。

　　经过详细的诊查，医生告诉妈妈，小雪应该是消化不良，主要原因是临近考试，学习任务比较重，学习复习时间长，活动锻炼时间少导致的。平时应该给小雪准备些清淡、易消化的食物，多些蔬菜水果。吃饭前 10～15 分钟停止学习，适当活动，做好吃饭准备。

　　妈妈按照医生的建议，合理安排小雪的饮食起居，并和她一起适当活动，很快小雪恢复了正常饮食，而且期末成绩还很好。

白菜　　　　酸奶

卷心菜　　　香蕉

易消化的食物

多运动

【想一想】

小雪用功学习，为什么出现不想吃东西等症状呢？听了医生的建议后，表面看，学习的时间没有以前多了，但是为什么成绩还不错呢？

临近期末考试，小雪紧张地学习、复习，活动时间少。同时，小雪平时学习成绩不错，自尊心强，总是担心自己期末考不好，所以思想压力也比较大。中医学认为，思虑过度，活动较少，气机郁结不畅，容易影响脾胃功能，即"思则气结""思伤脾"，导致脾胃对食物的消化吸收能力下降，出现不想吃东西、大便不通畅、肚子胀、口中气味重等症状。同时脾胃从食物中吸收的营养物质是体内气血生成的源头，脾胃受伤，气血不足，不能满足紧张学习的需要，所以尽管学习时间很长，往往学习的效率不高，效果不好。

小雪和妈妈听了医生的建议，从平时的生活起居和饮食上进行调理，很快脾胃功能恢复正常，气血充足，虽然表面看学习的时间没有以前多，

但是学习效率相应提高，成绩自然会很好。

【学一学】

七情也能致病

喜、怒、忧、思、悲、恐、惊七种正常的情志变化，叫作"七情"，是人体的生理和心理活动对外界环境刺激的不同反应。七情对应五脏，属人人皆有的情绪变化，一般情况下不会导致或诱发疾病。

如果突然的、强烈的或长期持久的情志刺激，超越了人体的生理和心理适应能力，或人体本身对情志刺激的适应调节能力低下，将会导致疾病的发生，称之为"七情内伤"。不同情志的太过不及，可造成相应脏腑的损伤：思伤脾、喜伤心、怒伤肝、悲忧伤肺、惊恐伤肾。

【做一做】

　　七情内伤，可以导致疾病的发生。但是你知道吗？情志还可以作为治疗疾病的一种方法，称为"情志疗法"，你能举出相关的例子吗？说出来和大家一起分享。

每课一语

　　心胸宽大能撑船，
　　健康长寿过百年。

16 饮食所伤

【读一读】

勤奋的丁丁

初夏的北京，正午时分已经让人热得汗流浃背了。吃过午饭后，同学们都安静地趴在书桌上午休，偌大的操场上只有丁丁一个人为了即将到来的体测努力地训练着。丁丁每每想到体育课，心里就十分沮丧。

看着身边的同学都能够轻松地完成老师的动作要求，而他却因为太胖，连弯腰够脚尖的拉伸训练都无法完成，同学们鼓励的"加油"声在丁丁看来也变成了负担。

放学后，丁丁拖着疲惫的身体回到家中，肚子已经"咕咕——"地叫了。最近一年，丁丁的身高长得很快，平时饭量也比较大，奶奶担心丁丁营养不够，每餐都会准备鱼、肉、蛋等。爸爸和妈妈也经常

在下班的路上买鸡腿、牛排、鱼排等给丁丁加餐。丁丁还经常以饿为名，要求买汉堡和薯条，因为这两样是他的最爱。

一个星期前，妈妈担心丁丁的健康状况，带他去做了一次全面的身体检查。全家人看着体检报告中的各项数值，不禁眉头紧锁。丁丁的身高160厘米，体重却达到75千克，属于肥胖了！

【想一想】

中华民族的饮食文化源远流长，传说黄帝做"灶"，始为"灶神"，表明饮食文明起于原始社会。中医学的"药食同源"理论将药物与食物并称，时至今日，仍然可以在中草药中看到很多日常饭桌上的食物。

俗语说"民以食为天"，在物质极大丰富的今天，吃饭不仅要吃好，更要吃得科学。"科学饮食"具体要求有哪些呢？

"科学饮食"的总体要求是：①食物多样化，谷类为主；②多吃蔬菜、

《中国义务教育质量监测报告》（2018年）显示
学生肥胖比例较高

肥胖报告

四年级男生肥胖比例为8.5%、女生为5.1%，八年级男生为8.5%、女生为6.2%。

水果和薯类；③常吃奶类、豆类及其制品；④经常吃适量的鱼、禽、蛋、瘦肉；⑤清淡少盐；⑥进食量与体力活动要平衡；⑦适量碳水化合物。所以，能从多种饮食物中合理地选择身体所需营养，适合不同人群的需要是"科学饮食"的主要特点。任何长期、单一的食物摄入均容易导致营养缺乏性疾病的发生。丁丁虽然没有出现明显的症状，但是肥胖本身也说明健康状况并不理想。

【学一学】

饮食不节也致病

饮食是摄取营养，维持人体生命活动所不可缺少的物质，但饥饱失常、饮食不洁，或者饮食偏嗜，都属于"饮食不节"，会损伤脾胃，导致多种疾病的发生，如肥胖、营养不良最为常见，糖尿病、高血压等疾病，也与饮食不节有直接关系。

饮食有节身体棒

首先，进食应"定时"。我国传统的饮食习惯是一日三餐。长期以来，人体形成了正确的饮食节律，保持良好的消化功能，以获得身体健康。古人讲"食能以时，身必无灾"。

其次，进食应"定量"。即吃饭不能太多，也不能太少。一般来说，饮食量以7～8分饱为度，保持适度的饥饿感对身体有利。所谓"若要小儿安，三分饥与寒"。

【做一做】

以下几幅图画，哪种做法正确，哪种做法错误？应该如何改正？

每 课 一 语

若要小儿安，
三分饥与寒。

17　劳逸失常

【读一读】

小学霸与"小眼镜"

新学年开始，文文上五年级了。一个学期过去了，文文带上了眼镜。老师开始关注文文平时的用眼习惯，并及时向文文妈妈了解其在家里的看书习惯。

原来文文这个学期为了提升阅读能力，每天完成作业后，都会看很长时间的课外书。除了坐在书桌前阅读，更多的时间是躺在床上或窝在沙发里看书。

老师："这样的确会让文文的眼睛处于疲劳状态，难怪视力会下降。"

文文妈："是啊，我也是太大意了！直到文文跟我提起看黑板上的字吃力，我才意识到出问题了。"

老师："文文妈妈，您也不用过于担心，我看文文眼镜的度数只有100度，而且发现得也比较早，应该属于

假性近视。"

文文妈："您说得太对了！眼科医院的医生也是这样说的，主要是阅读时间比较久，读书姿势不正确造成的。"

老师："嗯！我以前也接触到很多这样的孩子，大多数都通过纠正不良的用眼习惯，视力慢慢恢复到正常了。咱们一起努力，争取不让文文发展为真性近视。"

文文妈："老师，您的想法和我的一样。我一定配合您和医生，让文文养成良好的阅读习惯。"

【想一想】

文文由于看书姿势不正确、看书时间太长导致假性近视，想想看，还有哪些行为可以导致眼睛疲劳，造成校园内"小眼镜"的增多呢？最常见的行为是接触手机、电脑、电视等电子产品时间太长。

《中国义务教育质量监测报告》（2018年）显示学生视力不良问题突出

视力报告

　　四年级、八年级学生视力不良检出率分别为36.5%、65.3%，其中四年级女生视力中度不良和重度不良比例分别为18.6%、10.4%，男生分别为16.4%、9%；八年级女生视力中度不良和重度不良比例分别为24.1%、39.5%，男生分别为22.1%、31.7%。

　　对于小学生来讲，养成科学用眼习惯，拥有健康明亮的双眼最为重要，日常应该注意哪些问题呢？

　　①不要在光线过强、过弱的环境中看书、写字，光源最好从左前方照来。②读书写字时眼与书本保持1尺的距离，胸部离书桌一拳头，握笔离笔尖1寸。③看书或写字每隔30～40分钟，休息3～5分钟，可以望天空、树木等。④不要躺在床上看书，乘车或走路也不要看书。⑤观看电视的距离为2米以外，1小时左右一定要休息，屋内光线较暗时可以在电视机附近放一盏低功率电灯。⑥使用电脑时，眼睛与屏幕的距离以60厘米左右为宜，每隔2小时左右要休息十几分钟。⑦认真做好眼保健操。

中国古代有"凿壁偷光""囊萤映雪"等刻苦读书的励志故事，激励后学者勤奋苦学，现在想想，这样做对眼睛好吗？

【学一学】

过劳则伤

《黄帝内经》讲"生病起于过用""久立伤骨，久行伤筋"。用眼过度会导致近视，过度使用其他器官同样也会造成相应的损伤，进而导致疾病的发生。比如，劳力过度，即过度从事体力劳动，会损伤肌肉筋骨，引起腰酸背痛、四肢软弱等；劳神过度，即用脑过度，更会损伤人体的精气神，让人感觉非常疲劳。

过逸致病

《黄帝内经》也讲"久卧伤气，久坐伤肉"。过度安闲，不参加劳动，也不运动，易使人体气血不畅，脾胃功能减弱，日久会出现食少乏力、精神不振、肢体软弱，或发胖臃肿，或继发其他疾病。俗语"用进废退"也是这个道理。

【做一做】

既然过度劳累、过度安逸都会损伤身体，导致疾病的发生，那如何才能劳逸结合？大家做一份手抄报，安排一天的学习生活吧！

每 课 一 语

锻炼要趁小，
别等老时恼。

18　不内外因

【读一读】

海滨的不速之客

暑假到了，小雪和弟弟怀着对大海、沙滩、美食的无限期待，兴高采烈地和爸爸妈妈来到海边度假。

姐弟俩一会儿带上游泳圈下水玩耍，一会儿又回到沙滩上玩

沙子，堆沙雕，不亦乐乎！妈妈让他们戴上遮阳帽、穿上防晒衣、涂上防晒霜，以防晒伤。

晚饭后，玩了一天的小雪和弟弟洗漱之后很快便睡着了。第二天起床后，爸爸妈妈发现弟弟的一只眼睛的眼睑有点红肿。弟弟感觉有点痒，总想用手去抓。原来是蚊子趁弟弟熟睡的时候，在他的眼睑上留下了"印记"。妈妈发现小雪的胳膊、腿上也各有一个被蚊子叮咬过的红包。小雪感觉奇痒无比，总忍不住想用手去抓。

妈妈赶紧给小雪涂上风油精止痒，可是弟弟的眼睑是不能涂风油精的，

因为会刺激眼睛。怎么办呢？妈妈从酒店门前的花坛找来一片芦荟叶子，将透明的芦荟汁液涂到弟弟的眼睑上，弟弟感觉凉丝丝的，竟觉得不那么痒了。过了一会儿，肿也消了不少。好奇的小雪也把芦荟汁液涂到自己被蚊子叮咬的部位，感觉很舒服。

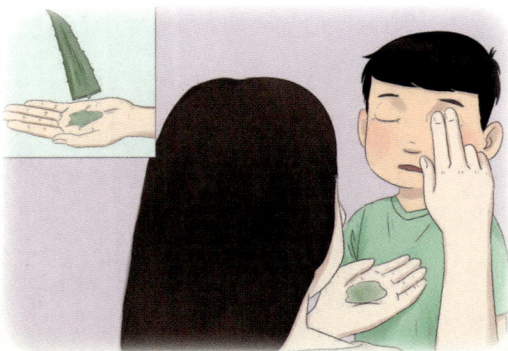

【想一想】

同学们，叮咬小雪和弟弟的这只蚊子，算是小雪一家这次旅游遇到的一位"不速之客"。想一想，生活中还有哪些"不速之客"可能会损伤身体呢？

【学一学】

各种致病因素

这一单元主要向大家介绍了几种常见的导致疾病发生的原因，即"病因"，又称"致病因素""病原""病邪"等。中医学认为，能够损伤健康的病因主要包括外感病因（六淫、疠气）、内伤病因（七情内伤、饮食失宜、劳逸过度）、病理产物性病因（痰饮、瘀血、结石）及其他病因（外伤、寄生虫、药邪等）四大类。

以上这些病因，在一定条件下会破坏人体的平衡状态，最终导致疾病的发生。只有明确病因，才能更好地预防和治疗疾病。

正气存内，邪不可干

中医学认为，无论是外因还是内因，在正气旺盛、生理功能正常的情况下，不会导致人体生病。只有在正气虚弱，人体功能活动不能适应各种变化时，才会成为致病因素，使人生病。那什么是正气呢？正气又叫"一身之气"，它是维持我们身体各种生命活动、抵抗外来病邪的重要物质，也可以理解为人们常说的"免疫力""抵抗力"。正气的强弱由体质决定，一般来说，体质壮实的人，正气比较充盛；体质虚弱的人，正气往往不足。因此，增强体质是提高正气和抵抗病邪能力的关键。锻炼身体、饮食起居有规律、调摄精神，以及适当使用药物预防或疫苗接种，都是增强体质的好方法。

虚邪贼风，避之有时

预防疾病的发生，除了增强体质，提高正气抗病能力外，做好防范、远离病邪也是非常重要的。如讲究个人卫生，保证生活环境干净整洁，不喝生水；不接触生病的人，做好隔离，防护病毒；日常生活中还要注意安全，做好自我保护，避免外伤和虫兽咬伤等。以上这些都是防止病邪侵害的好方法。

【做一做】

暖心红糖姜茶

很多同学都有过淋雨着凉感冒的经历，从而出现感冒咳嗽的症状。那么，被雨淋后我们可以怎样预防感冒呢？首先要尽快将潮湿的衣物脱去，洗个热水澡；然后煮一碗暖暖的红糖姜茶来帮助身体祛除寒气，预防感冒。

材料准备： 生姜若干，红糖5克。

制作步骤：

①将生姜洗净切成细末，放入锅中，加入适量清水。

②加入红糖，搅拌均匀。

③大火煮开后，换小火再煮5～10分钟即可。

注意事项：

①整个制作过程请在家长陪护下完成，不可独自操作。切生姜时要注意安全，避免被刀划伤，可由家长代劳。

②使用煤气时要注意避免烫伤，煮完后记得关闭煤气阀门。

记录结果：

①记录红糖姜茶的口感。

②用心感受自己在喝完红糖姜茶后，身体出现了哪些变化。

每课一语

铲除杂草要趁小，
消除隐患要及早。